AF253726

CAHIER DES CHARGES DU THÉATRE

RAPPORT DE LA COMMISSION

Dans votre séance du 21 février dernier, vous avez confié à une Commission de cinq membres (MM. Legludic, Mercier, de Châtaux, Lacombe et Leroy) le soin d'examiner le cahier des charges du Théâtre pour la campagne de 1881-82.

Je viens, au nom de cette Commission, vous proposer les modifications suivantes à divers articles du cahier des charges actuellement en vigueur.

Les articles 1 à 7 inclusivement ne nous semblent pas devoir être modifiés.

Toutefois la Commission croit devoir appeler l'attention de l'Administration municipale sur l'article 5 concernant les polices d'assurance.

Il importe qu'elle s'assure en temps opportun que le Directeur n'aura pas négligé de payer aux compagnies les excédants de primes qui leur seraient dus, si le nombre de cent cinquante représentations prévues au Cahier des charges était dépassé.

Art. 8. — Nous vous proposons de réduire de 1,200 francs à 1,000 pour les dimanches, et de 800 à 700 pour les autres jours de la semaine, les indemnités dues au Directeur dans le cas où la Ville donnerait des représentations gratuites, et d'ajouter à cet article un paragraphe ainsi conçu : « *En cas de représentation gratuite « ou de charité, tout abonnement cesse.* »

Art. 9 à 17. — Les articles 9 à 17 inclusivement n'ont été de notre part l'objet d'aucune modification.

Art. 18. — Nous vous proposons de rédiger le paragraphe 2 de cet article de la manière suivante :

« Il veillera également à ce que le foyer du public soit convenablement éclairé et « chauffé à partir de l'heure où le Théâtre sera ouvert, sous peine d'une amende de « 20 francs en cas d'infraction. »

Tous les habitués au Théâtre ont, en effet, constaté depuis plusieurs années que le foyer du public n'était presque jamais éclairé ni chauffé qu'à une heure assez avancée de la représentation. C'est là un abus qu'il importe de faire cesser.

Art. 19. — Pour le second paragraphe de cet article qui concerne le contrôleur, la rédaction suivante nous semblerait préférable à celle qui existe aujourd'hui :

« L'Administration se réserve expressément la nomination du contrôleur en chef
« du Théâtre, dont les appointements à la charge du Directeur seront de 250 francs
« par mois pour les six mois d'exploitation régulière du Théâtre, du 1er octobre au
« 31 mars, et de 30 francs pour chacune des représentations données depuis le
« 1er avril jusqu'au 30 septembre, sans toutefois que dans aucun cas le traitement
« du contrôleur pour ce second semestre de l'année théâtrale puisse dépasser
« 250 francs par mois. »

La suite de l'article n'a subi aucune modification de notre part.

Votre Commission estime que le contrôleur du Théâtre doit être avant tout l'agent de l'Administration municipale et qu'il doit dépendre le moins possible du Directeur. — Pour cette raison, nous n'avons pas admis la représentation à son bénéfice mentionnée au Cahier des charges actuel.

Nous avons pensé également qu'il importait de fixer pour cet agent de l'Administration municipale un traitement pour les représentations données dans le courant du second semestre, soit par les troupes de passage, soit par le Directeur concessionnaire, afin d'éviter tout abus et tout malentendu de part et d'autre.

Enfin, il nous a semblé qu'en obligeant le contrôleur à être à la disposition de l'Administration municipale, pendant la saison où il n'y a pas de troupe régulière, il convenait de lui allouer un traitement qui assurât son existence d'une manière convenable.

Nous ne vous proposons aucune modification aux articles 20, 21, 22, 23.

Art. 24. — La Commission est d'avis de porter le cautionnement à 6,000 francs.

La concession du Théâtre est une entreprise très importante et pour laquelle la Ville a besoin de garanties sérieuses de la part du concessionnaire.

Dans toutes les adjudications qui sont données par la Ville, le cautionnement exigé est proportionnellement beaucoup plus élevé qu'il ne l'est pour le Théâtre, et cependant il est peu de marchés qui présentent autant d'aléa pour la Ville que la concession du Théâtre.

C'est la raison qui nous a engagés à vous demander de porter le cautionnement du Directeur à 6,000 francs au lieu de 5,000.

Nous vous demandons en outre de supprimer la seconde partie de l'article 24 ainsi conçu :

« Toutefois l'Administration ne pourra accorder la direction sans exiger le verse-
« ment de ce cautionnement ; mais dans ce cas elle devra prélever, à titre de retenue,
« 1,000 francs par mois sur le montant de la subvention. »

Il résulte en effet de ce paragraphe que, si avant la fin du premier mois le Directeur venait à abandonner son entreprise, la Ville n'aurait aucun recours contre lui
au point de vue financier, en dehors de la poursuite devant les tribunaux. — Or,
lorsqu'un Directeur est insolvable, ces poursuites sont de nul effet.

Nous n'avons pas d'observations à vous présenter sur les articles 25, 26 et 27.

Les articles 28 et 29 nous ont semblé, au contraire, devoir être complètement
modifiés et nous vous proposons la rédaction suivante :

Art. 28. — Le Théâtre est concédé pour une année, qui commence le 1er juin et
finit le 31 mai suivant.

Les représentations régulières des troupes lyriques et dramatiques ne sont obligatoires pour le concessionnaire que pendant six mois consécutifs, du 1er octobre au
31 mars suivant.

Toutefois, l'Administration municipale se réservera le droit, sans que le Directeur puisse réclamer aucune indemnité, de disposer du Théâtre pendant les mois de
juin, juillet et août, pour y faire les réparations ou aménagements qu'elle jugera
nécessaires.

Art. 29. — Le Directeur sera tenu de donner dans le courant de sa concession,
au profit des pauvres, sans prélèvement d'aucuns frais, une représentation dont la
date sera fixée par l'Administration municipale et le programme arrêté par elle.
L'intégralité de la recette sera versée au Bureau de bienfaisance.

Ainsi conçu, l'article nous semble déterminer d'une façon précise les droits de
l'Administration municipale et les devoirs du Directeur.

Nous ne vous proposons pas de changement aux articles 30 et 31.

Art. 32. — Nous vous demandons d'ajouter à la fin de cet article un paragraphe
ainsi conçu : « Le contrôleur devra afficher dans les couloirs du Théâtre, les nu-
« méros des places prises en location. »

Il arrive, en effet, que les ouvreuses marquent comme étant louées des places
qui ne le sont pas en réalité et dont elles tirent profit.

Art. 33. — Pas d'observation à présenter.

Art. 34. — La Commission ne vous propose aucune modification aux prix des
places. — Mais elle pense qu'il y a lieu de créer un troisième rang de stalles
d'orchestre. — Ces places sont très recherchées, surtout en location. — L'augmen-
tation du nombre de stalles d'orchestre créerait du reste un sérieux avantage pour
le Directeur.

Les articles 35, 36, 37, 38 et 39 n'ont été l'objet d'aucune modification de notre part.

Le personnel de la troupe dramatique n'a pas figuré jusqu'à présent au Cahier des charges du Théâtre. Nous croyons que c'est là une lacune regrettable qu'il importe de combler, et nous vous proposons de voter deux nouveaux articles qui seraient ainsi formulés :

Art. 40. — Le personnel de la troupe est composé de la manière suivante :

TROUPE LYRIQUE.

HOMMES.	FEMMES.
Un premier ténor léger.	Une chanteuse légère.
Un deuxième ténor léger.	Une première dugazon.
Un baryton.	Une deuxième dugazon.
Une basse chantante.	Une duègne.
Une deuxième basse.	Une deuxième chanteuse.
Un trial.	
Un laruette.	
Un troisième ténor, coryphée.	
Une troisième basse, coryphée.	

Chœurs : 24 Choristes.

Orchestre : 40 Musiciens.

TROUPE DRAMATIQUE.

HOMMES.	FEMMES.
Grand premier Rôle en tous genres.	Grand premier Rôle en tous genres.
Jeune premier Rôle, fort jeune premier.	Jeune premier Rôle.
Jeune Premier, Rôles de genre.	Première Ingénuité, jeune Première.
Amoureux.	Amoureuse.
Troisième Rôle.	Première Duègne, Mère noble.
Père Noble, Financier.	Deuxième Duègne.
Des Rôles marqués.	Première Soubrette, Déjazet
Premier Comique en tous genres.	Deuxième Soubrette.
Premier Comique.	Grande Coquette.
Premier Comique de genre et Comique marqué.	Des Amoureuses.
Comique grime.	Utilités.
Deuxième Comique.	
Amoureux Comique.	
Utilités.	

— 5 —

La Commission émet le vœu que le Directeur, dans le courant de son exploitation, monte sur notre scène quelques-uns de ces drames populaires si appréciés à Paris et dans les grandes villes de France. — Ce serait, sans nul doute, pour lui une source féconde de revenus, et le public lui saurait gré des efforts qu'il aurait faits dans ce sens.

Art. 41. — Un mois avant l'ouverture de la campagne, c'est-à-dire le 1er septembre au plus tard, le Directeur devra remettre au maire le tableau de sa Troupe lyrique et dramatique, sous peine d'une amende de 50 francs par jour de retard.

Ce tableau devra comprendre les noms, prénoms et surnoms des artistes avec l'indication des emplois qu'ils doivent occuper et ceux qu'ils ont occupés sur les différentes scènes théâtrales depuis deux ans.

En exigeant l'exécution de cet article, l'Administration municipale pourra se renseigner avant l'ouverture de la saison théâtrale sur la valeur des artistes, et présenter au Directeur telles observations qu'elle jugerait utile de lui faire à ce sujet.

Elle obligera d'autre part le Directeur à composer sa Troupe en temps opportun ; il pourra choisir parmi les artistes de valeur, ce qui ne lui serait plus possible s'il attendait jusqu'au dernier moment pour faire ses engagements.

Art. 42 (ancien 40). — Pas de changement.

Débuts. — La Commission chargée de réviser le dernier Cahier des charges avait cru devoir supprimer les débuts et le Conseil l'avait suivi dans cette voie.

Mais les résultats qu'on espérait obtenir, par suite de cette modification, ont été peu satisfaisants.

La Troupe de notre Théâtre a été incontestablement inférieure cette année à celles que nous avions les années précédentes.

Votre Commission est donc d'avis de rétablir les débuts et elle vous propose de voter les articles ci-après ;

Art. 43. — L'épreuve des débuts est exigée pour les artistes de l'opéra chargés des rôles suivants : le premier ténor, le deuxième ténor, le baryton, la première basse, la deuxième basse, le trial, la première chanteuse, la dugazon, la duègne.

Art. 44. — Chacun des artistes désignés dans l'article précédent devra faire ses débuts dans trois rôles importants de son emploi et à trois représentations différentes.

Art. 45. — Le mode de votation pour la réception des artistes est établi de la manière suivante :

Après chacune des trois représentations où un artiste aura débuté, il sera procédé au vote sur son admission.

Seront appelés à voter les abonnés présents à la représentation, et les spectateurs du rez-de-chaussée, des premières et des secondes.

Le dépouillement général du scrutin pour les trois représentations aura lieu immédiatement après le troisième début.

La garde des urnes pendant les débuts d'un artiste est confiée aux soins de l'Administration municipale.

Art. 46. — Tout artiste refusé devra être remplacé et les débuts de son successeur devront être terminés dans les trente jours, à partir du refus prononcé, sous peine pour le Directenr d'une amende de 30 francs par représentation et par artiste.

Jusqu'aux débuts de leurs remplaçants, les artistes refusés pourront être autorisés à continuer leur service.

Art. 47 et 48. — Les articles 41 et 42 du Cahier des charges actuel formeraient les articles 47 et 48 de notre projet. Nous ne vous proposons aucun changement dans leur rédaction.

Art. 49. — Ici, Messieurs, se présente l'importante question des engagements des artistes de l'orchestre.

La Commission parfaitement d'accord sur tous les autres points n'a pu s'entendre complètement sur cette délicate question.

Jusqu'à ce jour, aux termes du Cahier des charges du Théâtre, les musiciens étaient engagés par le Directeur concessionnaire. — Mais en réalité depuis quatre ans, par suite d'un traité que les Directeurs nommés par l'Administration municipale passent avec la Société Artistique des Concerts populaires d'Angers, les engagements des musiciens sont faits au nom du président de ladite Société, agissant en cette qualité.

C'est ce traité même que l'Association artistique vous demande aujourd'hui d'approuver et d'annexer au Cahier des charges du Théâtre.

En voici la teneur :

Traité entre le Directeur du Théâtre et l'Association Artistique des Concerts Populaires.

« Les soussignés,

« 1° M.   , directeur à titre provisoire et conditionnel du Théâtre d'Angers,

« Agissant en cette qualité et seulement pour le cas où elle lui serait maintenue à titre définitif ;

« 2° M.

« Agissant au nom et pour compte de l'Association artistique d'Angers dont il est le Président avec pouvoirs suffisants pour le traité qui fait l'objet des présentes ; en tous cas, et quoi qu'il arrive, prenant expressément l'engagement personnel d'exécuter et faire exécuter à ses risques et périls, les obligations qu'il va contracter ci-après au nom de l'Association artistique ;

« Ont fait double entre eux ce qui suit :

Article premier.

« M.   s'engage envers M.

qui l'accepte,

« A lui fournir pour tout le temps que durera l'exploitation qui lui a été concédée du Théâtre d'Angers, du 1ᵉʳ octobre 1881 au 1ᵉʳ avril 1882 ;

« Un orchestre constitué comme suit :

« 1° Un chef d'orchestre ;

« 2° :

Six premiers violons ;	Deux bassons ;
Quatre deuxièmes violons ;	Un harpiste ;
Trois altos ;	Quatre cors ;
Trois violoncelles ;	Deux trompettes ;
Trois contrebasses ;	Trois trombonnes ;
Deux flûtes ;	Un timbalier ;
Deux hautbois ;	Une grosse caisse.
Deux clarinettes ;	

« Ensemble 40 musiciens. Parmi ces artistes il y aura un deuxième chef et deux répétiteurs.

Article 2.

« M.   réglera seul le service de l'orchestre au Théâtre et y exercera sur les artistes, le pouvoir disciplinaire qui lui appartient exclusivement comme Directeur.

Article 3.

« Il choisira le premier et le deuxième chef d'orchestre et deux répétiteurs ; le deuxième chef d'orchestre et les deux répétiteurs seront pris parmi les musiciens composant l'orchestre. Les appointements du chef d'orchestre ne pourront dépasser 400 francs par mois ; ceux du deuxième chef 300 francs ; et des répétiteurs 250 francs.

Article 4.

« Le Directeur du Théâtre s'engage à ne jamais donner de concerts ni au Grand-Théâtre ni au Cirque, et à ne donner aucune représentation théâtrale pendant la journée, les dimanches et jours de fête.

ARTICLE 5.

« L'Association artistique ne pourra de son côté donner aucune représentation scénique, et devra s'en tenir à des exécutions purement musicales.

ARTICLE 6.

« Si le Directeur est locataire du Cirque-Théâtre, il le tiendra, pour 24 concerts au minimum donnés les dimanches et fêtes, de une heure à quatre heures de l'après-midi pendant la saison, et à raison de 30 francs par concert, à la disposition de l'Association artistique.

« Si, au contraire, c'est l'Association artistique qui est locataire du Cirque-Théâtre, elle le tiendra à la disposition du Directeur du Théâtre à raison de 150 francs par représentation qui, au minimum, devront avoir lieu tous les dimanches et jours de fêtes.

ARTICLE 7.

« Le loyer dû par le Directeur ou l'Association artistique dans les cas prévus par l'article précédent, sera payé par terme de quinze jours, les 1er et 15 de chaque mois.

ARTICLE 8.

« M.   Directeur du Théâtre, s'engage à payer à l'Association artistique pour l'orchestre qu'elle s'oblige à lui fournir comme il est dit à l'art. 1er, une somme totale de 30,000 francs pour tout le temps à |courir du 1er octobre au 1er avril, représentant l'année théâtrale.

« Cette somme sera payée par quinzaine, les 1er et 15 de chaque mois, à commencer le premier paiement le 15 octobre, à raison de 2,500 francs à chaque terme, entre les mains de l'Association artistique.

ARTICLE 9.

« Le Directeur du Théâtre ne pourra faire aucune avance aux artistes de l'orchestre, mais il aura le droit de retenir sur chaque versement bi-mensuel les amendes qui seraient dues, à charge d'en fournir le compte à l'Association artistique.

ARTICLE 10.

« Le Directeur du Théâtre ne supportera aucune part des frais d'engagement des artistes, sauf les frais de voyage de Paris à Angers, en deuxième classe, avec bagages.

ARTICLE 11.

« Le Directeur laissera la libre disposition de l'orchestre à l'Association tous les matins de huit à onze heures (pour les répétitions qui auront lieu comme de coutume au foyer du Grand-Théâtre), et en outre les dimanches et fêtes, de une heure à quatre heures de l'après-midi, comme il est dit à l'article 6.

Article 12.

« L'Association artistique pourra un jour par mois, le lundi, disposer de l'orchestre pour donner un concert dans une autre ville, à la condition expresse d'avertir le Directeur du Théâtre au moins dix jours à l'avance.

Article 13.

« Le Directeur du Théâtre et l'Association artistique, persuadés que leurs intérêts sont les mêmes, se promettent en toute circonstance un concours réciproque et bienveillant. »

Tel est, Messieurs, le traité qui vous est soumis.

La Société artistique pense, et la majorité de la Commission est de cet avis, que ses intérêts et ceux du Théâtre sont les mêmes ; elle est persuadée que ces deux entreprises doivent se soutenir et qu'elles doivent vivre l'une par l'autre.

Aussi, elle vient aujourd'hui vous demander votre appui contre les exigences inacceptables d'un Directeur qui, ne comprenant pas ses propres intérêts, se refuserait à toute entente avec elle.

En effet, la difficulté pour la Société artistique est d'être obligée d'engager ses artistes avant d'avoir traité avec le Directeur ; il y a là pour elle un *alea* qu'elle ne peut plus accepter, parce qu'elle sait par expérience au prix de quels sacrifices désormais impossibles elle a dû traiter dans le passé.

Si vous accueillez favorablement la demande qui vous est faite par la Société des concerts, les prérogatives du Conseil municipal et de l'Administration en seront-elles amoindries, comme semble le croire la minorité de votre Commission ? Nous ne le pensons pas et en voici les raisons :

Ce traité vous est préalablement soumis, c'est donc vous qui statuez d'abord, et si vous ne l'approuvez pas, la question est vidée.

Si, au contraire, vous en votez l'annexion au Cahier des charges, c'est vous qui lui donnez sa première sanction.

Dans un cas comme dans l'autre, vous êtes restés les maîtres de la situation.

Si vous annexez ce traité, il devient pour ainsi dire un article du Cahier des charges, et les directeurs qui se présenteront pour avoir la concession du Théâtre, auront toute liberté de discuter les termes de ce traité, soit avec l'Association artistique, soit avec l'Administration municipale.

Quant à la crainte exprimée par quelques personnes qu'on ne trouve pas de Directeur dans ces conditions, elle est sans fondement, car déjà plusieurs demandes

***

ont été adressées à l'Administration municipale, et les signataires y expriment le désir de s'entendre avec l'Association artistique, dont ils connaissent les propositions.

Il n'y a donc pas, vous le voyez, Messieurs, d'objection sérieuse qui puisse vous faire rejeter la demande qui vous est adressée et que d'accord avec l'Administration municipale, la majorité de la Commission vient appuyer près de vous.

Je n'ai pas à vous faire ici l'éloge de cette Société dont le concours vous est acquis en toute occasion, ni à vous parler de son désintéressement. Les enfants de vos écoles y ont leur entrée gratuite. Elle a fait ses preuves. Vous lui avez donné vous-mêmes de nombreuses marques d'intérêt et de sympathie.

Peu de villes en France possèdent un orchestre semblable. Il dépend de vous de le conserver en lui assurant au Théâtre une place qu'il saura remplir à votre entière satisfaction.

Enfin, Messieurs, permettez-nous en terminant de vous rappeler que le Gouvernement vient d'accorder une subvention de 5,000 francs à la Société pour laquelle nous vous demandons votre bienveillant appui. C'est vous dire que toute politique est étrangère à l'esprit de cette Association dont le seul but est d'élever le niveau de l'art musical en faisant entendre à nos concitoyens les œuvres de nos plus grands maîtres.

Si vous approuvez ce traité, l'article 43 du Cahier des charges aujourd'hui en vigueur, formerait l'article 49 de notre projet et serait ainsi conçu :

Art. 49. — L'orchestre du Théâtre sera composé comme il est dit au traité ci-annexé proposé par l'Association artistique d'Angers, et le Directeur devra en exécuter toutes les conditions ; ce traité formera avec le Cahier des charges un ensemble indivisible.

Nous ne vous proposons aucune modification aux articles 44, 45, 46, 47 et 48 du Cahier des charges actuel, qui sont les articles 50, 51, 52, 53, 54 de notre projet.

Le Rapporteur de la Commission,

L.-Ad. Leroy.

THÉATRE D'ANGERS

CAHIER DES CHARGES

ARTICLE PREMIER. — Le Directeur aura la jouissance exclusive et gratuite du Théâtre et de ses annexes, tels qu'ils ont été jusqu'à ce jour affectés à l'entreprise théâtrale, ainsi que des décors, machines, meubles et objets mobiliers qui s'y trouvent renfermés et qui sont la propriété de la Ville.

Jouissance
du Théâtre et
du
Mobilier.

ART. 2. — Le Directeur ne pourra dans aucun cas louer ou prêter à qui que ce soit, tout ou partie des objets dont la jouissance lui est concédée.

Interdiction
de louer ou de
prêter
lesdits objets.

ART. 3. — Au moment de son entrée en jouissance il sera dressé contradictoirement avec lui par l'architecte de la Ville, un état des lieux des bâtiments formant l'objet de la concession. En même temps et de la même manière il sera procédé à un inventaire descriptif et estimatif des décors, machines, meubles et objets mobiliers quelconques renfermés dans les dits bâtiments.

État des lieux
et
Inventaire.

ART. 4. — Le concessionnaire sera considéré comme responsable des objets dont la jouissance lui est concédée. Il devra en jouir en bon père de famille et sera astreint à toutes les obligations qui naissent, d'après la loi, des qualités de locataire.

Obligations
du Directeur à
titre
de locataire.

ART. 5. — La Ville prend à sa charge la prime d'assurance contre l'incendie montant par année à la somme de 10,450 francs d'après le traité intervenu avec les compagnies l'*Union*, la *France* et autres.

Primes
d'assurances.

Les polices d'assurances sont établies d'après un nombre de représentations théâtrales (bals, concerts, etc., etc.) dont le maximum est fixé à cent cinquante. Le Directeur sera tenu de payer, sur sa subvention, l'excédant des primes annuelles que les compagnies réclameraient à la Ville si le nombre de cent cinquante représentations quelconques était dépassé pendant la durée de l'exploitation du 1er juin au 31 mai.

Remise des lieux après la jouissance.

Art. 6. —. A la fin de la jouissance du concessionnaire il sera procédé dans la forme indiquée à l'article 3 à un récolement d'état de lieux et d'inventaire.

Il devra remettre les lieux dans l'état où il les aura reçus et remplacer ou réparer les objets mobiliers manquants ou détériorés par sa faute, sans toutefois être tenu à la même obligation pour ceux qui deviendraient hors de service par vétusté ou seraient détériorés par le simple usage.

Réserve pour disposer de la salle dans certains cas.

Art. 7. — Nonobstant la concession mentionnée à l'article 1er ci-dessus, l'Administration municipale se réserve, sans toutefois que cela puisse entraver les représentations ordinaires, mais aussi sans indemnité envers le Directeur, de disposer de la salle de spectacle :

1° Pour les fêtes publiques s'il y a lieu ;

2° Pour les bals, concerts ou loteries organisés en faveur des pauvres ;

3° Pour les conférences littéraires et scientifiques.

Représentation gratuite.

Art. 8. — Dans le cas où la Ville donnerait des représentations gratuites, le Directeur devra s'en charger moyennant une indemnité pour chacune d'elles de 1,000 francs si elles ont lieu le dimanche et de 700 francs si elles ont lieu un des autres jours de la semaine. Les dégradations qui résulteraient des représentations gratuites resteront à la charge de la Ville. En cas de représentation gratuite ou de charité, tout abonnement cesse.

Loge du Maire.

Art. 9. — L'Administration municipale se réserve en outre en toutes occasions l'entrée libre et gratuite du Théâtre pour le Maire et les Adjoints.

A cet effet la loge dite de la Mairie demeurera exclusivement affectée à cet usage.

La dite Administration aura également le droit, sans aucune rétribution pour leur entrée, de faire les honneurs de la loge municipale aux étrangers qu'elle croira devoir inviter.

Loges du Préfet et du Général.

Art. 10. — La loge d'avant-scène des premières, faisant face à celle de la Mairie, sera constamment tenue par le Directeur à la disposition de M. le Préfet de Maine-et-Loire avec lequel il devra s'entendre pour en régler la location.

Place du commissaire de police. De l'officier de service. Du médecin de service. Entrée libre des agents de la force publique. Entrées gratuites.

Il en sera de même pour la loge du général.

Art. 11. — Un fauteuil de balcon, réservé auprès de la loge de M. le Préfet, sera toujours occupé par le commissaire de police de service.

Une place également marquée au balcon des premières sera réservée pour l'officier commandant le poste de service au Théâtre.

Une place pour le médecin de service au balcon des premières.

L'entrée de la salle sera toujours libre pour les agents de la force publique dont la présence sera jugée nécessaire par l'Administration.

Auront également droit à des entrées gratuites :

Les quatre médecins, l'officier de service des pompiers, l'architecte de la Ville et l'inspecteur du matériel ;

M. Lenepveu, membre de l'Institut, à la disposition duquel sera toujours tenue la stalle n° 54.

Une autre entrée gratuite, sans place marquée, est également réservée pour M. le Directeur du gaz ou son représentant.

Art. 12.— Les quatre loges d'avant-scène des premières et des secondes situées au-dessus et au-dessous de celles réservées à la Mairie et à M. le Préfet ne pourront être louées au mois ou à l'année qu'avec l'agrément de l'Administration municipale qui pourra si elle le juge convenable faire en tout temps résilier, sans indemnité, le traité de location intervenu.

Art. 13. — La baignoire n° 13 est réservée pour être occupée exclusivement par les pompiers de service.

Art. 14. — Le Directeur sera tenu de faire prévenir exactement et par écrit, 24 heures à l'avance, M. le Capitaine des pompiers des jours où il sera fait relâche et de toutes les représentations qui devront avoir lieu en dehors des jours ordinaires.

Art. 15. — Il fera tenir constamment remplis d'eau salée les réservoirs disposés au Théâtre pour secours en cas d'incendie.

Il fera nettoyer avec soin, tous les mois, les cheminées, calorifères et tuyaux de poëles.

Le tout sous peine de 25 francs d'amende pour chaque contravention à l'une des deux prescriptions ci-dessus, sans préjudice de plus amples dommages-intérêts s'il y a lieu.

Art. 16. — Deux inspecteurs des compagnies par lesquelles le Théâtre est assuré auront toujours la libre entrée de la salle et de ses dépendances pour la surveillance que ces compagnies ont le droit d'exercer.

Les représentants de ces compagnies devront s'entendre pour déléguer ceux qui à tour de rôle pourront user de ce droit.

Art. 17. — Le concessionnaire fera battre les sièges de la salle au moins deux fois par mois, balayer après chaque représentation les vestibules, corridors, le parterre, les loges, le théâtre, les foyers, escaliers et lieux communs et tous les jours la place en face du Théâtre, désinfecter les lieux d'aisances, en un mot il devra prendre les mesures nécessaires pour maintenir le tout dans le plus grand état de propreté.

Toute négligence à ce sujet, sera punie d'une amende de 5 francs par jour.

Art. 18. — Les jours de représentations pendant l'hiver le Directeur fera chauffer convenablement la salle et ses dépendances au moyen des calorifères établis.

Il veillera à ce que le foyer du public soit convenablement éclairé et chauffé, à partir de l'heure où le Théâtre sera ouvert, sous peine d'une amende de 20 francs en cas d'infraction.

Il ne paiera le gaz qu'au prix de la Ville.

Machiniste
en chef
payé par la
Ville.

ART. 19. — La Ville sera chargée des appointements du machiniste en chef qui en même temps est garde-magasin des machines, des décorations et du mobilier et qui demeure en outre chargé de la conciergerie du Théâtre.

Contrôleur.

L'Administration se réserve expressément la nomination du contrôleur en chef du Théâtre d'Angers dont les appointements, à la charge du Directeur, seront de 250 francs par mois pour les six mois d'exploitation régulière du Théâtre, du 1er octobre au 31 mars suivant, et de 30 francs par chaque représentation du 1er avril au 30 septembre, sans toutefois que, dans aucun cas, le traitement pour ce second semestre de l'année puisse dépasser 250 francs par mois. Ce contrôleur devra fournir tous les quinze jours à l'Administration municipale l'état des recettes de toute nature du Théâtre pour chaque représentation.

Aides
machinistes.

ART. 20. — Le Directeur devra mettre à la disposition du machiniste au moins sept aides machinistes, qu'il ne pourra engager toutefois qu'avec l'agrément de l'Administration municipale et dont les appointements seront mensuels et payés par lui.

L'Administration municipale se réserve le droit absolu de rompre ces engagements lorsqu'elle le jugera utile aux besoins du service.

Les spectacles
autres
que lyriques et
dramatiques
devront
être autorisés
spécialement.

ART. 21. — Le Théâtre étant spécialement destiné aux représentations lyriques et dramatiques, le concessionnaire ne pourra y produire des spectacles d'autres genres : danseurs, acrobates, physiciens, sans avoir obtenu l'autorisation de l'Administration municipale.

Bals masqués.

ART. 22. — En raison des dommages que les bals masqués occasionnent au mobilier et à la décoration de la salle de spectacle, le Directeur ne pourra en organiser au Théâtre sans l'autorisation spéciale de l'Administration.

Droit
des pauvres.

ART. 23. — En ce qui concerne le droit des pauvres que la loi met à sa charge, il aura à s'entendre avec le Bureau de bienfaisance pour en régler l'acquittement.

Cautionnement

ART. 24. — Aussitôt après sa nomination le Directeur devra verser *à la caisse du Receveur de la commune une somme de 6,000 francs en espèces à titre de cautionnement.*

Son affectation.

ART. 25. — Le cautionnement stipulé en l'article précédent sera affecté en premier ordre à la garantie des droits que l'Administration municipale pourrait avoir à exercer contre le Directeur dans l'intérêt de la Ville. — *Le surplus répondra jusqu'a concurrence des obligations du Directeur à l'égard des artistes et employés divers du Théâtre.*

Art. 26. — Sous les réserves ainsi faites le cautionnement sera restitué au concessionnaire à l'expiration du privilège.

Toutefois si, pour une cause quelconque, le concessionnaire abandonnait volontairement son entreprise au cours du privilège sans faire agréer par l'Administration un successeur qui acceptât toutes les charges à sa place, le cautionnement par lui déposé et les intérêts alors dus, deviendraient la propriété de la Ville, sans préjudice de tous autres dommages et intérêts s'il y a lieu.

Perte du cautionnement en cas de l'abandon de l'entreprise.

Art. 27. — En considération des obligations imposées au Directeur par le présent Cahier des charges et sous la condition expresse qu'il en remplira loyalement toutes les clauses la Ville lui accorde une subvention annuelle de 30,000 francs.

Cette subvention lui sera payée par sixième à raison de 5,000 francs l'un, à la fin de chacun des mois d'octobre, novembre, décembre, janvier, février, mars, sous la déduction des amendes ou retenues qui auront été mises à la charge du Directeur et sous les réserves exprimées à l'art. 26 ci-dessus et à l'art. 53 ci-après.

Subvention.

Art. 28. — Le Théâtre est concédé pour une année qui commence le 1ᵉʳ juin et finit le 31 mai suivant.

Les représentations régulières des troupes lyriques et dramatiques ne sont obligatoires pour le concessionnaire que pendant six mois consécutifs, du 1ᵉʳ octobre au 31 mars.

Toutefois l'Administration municipale se réserve le droit, sans que le Directeur puisse de ce chef réclamer aucune indemnité, de disposer du Théâtre pendant les mois de juin, juillet et août, pour y faire les réparations et aménagements qu'elle jugerait nécessaires.

Durée de la concession.

Art. 29. — Le Directeur sera tenu de donner, dans le courant de sa concession, sans prélèvement d'aucun frais, au profit des pauvres, une représentation dont la date sera fixée par l'Administration municipale et le programme arrêté par elle. L'intégralité de la recette sera versée au Bureau de bienfaisance.

Représentation au profit des pauvres.

Art. 30. — *Il devra être donné quatre représentations par semaine* abonnement courant, les dimanches, mardis, jeudis et samedis. Ces jours ne pourront être changés et les représentations ne pourront être supprimées par relâche qu'avec l'autorisation municipale, sous peine, contre le Directeur, d'une amende de 300 francs pour le dimanche et de 100 fr. pour les autres jours.

Jours de représentation.

Art. 31. — Il ne devra pas afficher ou dans les journaux faire annonce d'aucune pièce nouvelle ou non représentée à Angers sans avoir préalablement fait connaître à l'Administration municipale l'autorisation qui lui aura été accordée par l'autorité supérieure.

Surveillance du répertoire.

Distribution
des
billets d'entrée.

Art. 32. — *Il est expressément interdit au Directeur de faire distribuer en location aux bureaux ou autrement un nombre de billets supérieur à celui des places que contiennent les diverses catégories de la salle.*

Ce nombre est ainsi fixé :

Fauteuils d'orchestre	} 74	Galeries de face, amphithéâtre	.	50
Stalles d'orchestre		Entre-colonne.		8
Parterre réservé	52	Amphithéâtre.		46
Baignoires.	74	Loges d'avant-scène.		20
Baignoires d'avant-scène	24	Troisièmes galeries de face		86
Parterre	164	Loges de côté (haut)		36
Loges de premières avec salon	110	Loges de côté (bas)		36
Galerie des premières (balcon)	102	Entre-colonne.		22
Entre-colonne de premières	8	Loges d'avant-scène.		18
Loge d'avant-scène préfecture	12	Quatrièmes, amphithéâtre.		126
Loge d'avant-scène mairie.	12	Orchestre (musiciens)		36
Loges des deuxièmes de côté.	40	Strapontins (parterre)		16
Galeries de côté	28			

TOTAL : 1,200 PLACES.

Le contrôleur devra afficher dans les couloirs du Théâtre les numéros des places prises en location.

Places dans
l'orchestre.

Art. 33. — Dans les cas extraordinaires le Directeur pourra, avec l'autorisation de l'Administration municipale, faire disposer des places numérotées dans l'orchestre, s'il n'est pas besoin de musiciens.

Prix des places.

Art. 34. — Le prix des places pour les représentations ordinaires est fixé comme suit et ne pourra être augmenté ou diminué qu'avec l'autorisation de l'Administration municipale :

Loges avec salon	4 fr.	»
Fauteuils de balcon	3	50
Fauteuils d'orchestre	3	50
Baignoires	3	50
Stalles d'orchestre	2	50
Parterre	1	50
Première galerie de face	2	»
Loges de façade et d'entre-colonne	2	»
Loges et galeries de côté	1	50
Troisièmes	1	»
Amphithéâtre	»	50

Art. 35. — En location le prix des places sera toujours le même qu'aux bureaux, il sera seulement payé en plus 25 centimes pour les places de 2 fr. 50 et au-dessus et 10 centimes pour toutes les autres places.

Deux rangs seulement du parterre pourront être mis en location.

Art. 36. — L'abonnement au mois sera de douze représentations.

Le prix en sera fixé à l'amiable entre le Directeur et l'abonné sans qu'il puisse dépasser le maximum ci-après :

Une place réservée, au mois 30 francs ; à l'année 180 francs.

Une place non-réservée, au mois 25 francs ; à l'année 135 francs.

Le Directeur pourra donner des abonnements pour un jour de représentation déterminé dans la semaine au prix maximum de 35 francs pour douze représentations et de 70 francs pour l'année théâtrale par place non-réservée.

Art. 37. — Les bureaux devront être ouverts une demi-heure au moins avant le commencement de la représentation dont l'instant précis sera toujours annoncé sur l'affiche.

Le spectacle devra toujours commencer à l'heure ainsi fixée.

Art. 38. — La durée des entr'actes ne sera à l'ordinaire que de dix à douze minutes et ne devra jamais dépasser un quart d'heure, à moins d'une autorisation spéciale que le Maire prescrira pour les pièces à grand spectacle. Il sera toujours fait mention de cette autorisation sur l'affiche.

Toute infraction aux prescriptions de cet article et du précédent entraînera contre le Directeur une amende de 5 francs et s'il s'agit d'un retard de plus de cinq minutes l'amende sera de 10 francs. Elle sera de 20 francs si le retard dépasse un quart d'heure.

Art. 39. — Les représentations devront toujours être terminées à onze heures et demie du soir pendant la semaine et à douze heures et demie le dimanche. Quand ces limites seront dépassées par une circonstance dont le Directeur sera responsable, il deviendra passible d'une amende de 20 francs, laquelle sera portée au double si le retard est de plus d'un quart d'heure. Le tout sans préjudice des poursuites encourues par lui pour avoir contrevenu au règlement applicable à la police du Théâtre, arrêté par l'autorité supérieure compétente.

Art. 40. — Le personnel de la troupe est composé de la manière suivante au minimum :

TROUPE LYRIQUE.

HOMMES.	FEMMES.
Un premier ténor léger.	Une chanteuse légère.
Un deuxième ténor léger.	Une première dugazon.
Un baryton.	Une deuxième dugazon.
Une basse chantante.	Une duègne.
Une deuxième basse.	Une deuxième chanteuse.
Un trial.	
Un laruette.	
Un troisième ténor, coryphée.	
Une troisième basse, coryphée.	
Chœurs : 24 Choristes.	

TROUPE DRAMATIQUE.

HOMMES.	FEMMES.
Grand premier Rôle en tous genres.	Grand premier Rôle en tous genres.
Jeune premier Rôle, fort jeune premier.	Jeune premier Rôle.
Jeune premier, Rôles de genre.	Première Ingénuité, jeune Première.
Amoureux.	Amoureuse.
Troisième Rôle.	Première Duègne, Mère noble.
Père Noble, Financier.	Deuxième Duègne.
Des Rôles marqués.	Première Soubrette, Déjazet.
Premier Comique en tous genres.	Deuxième Soubrette.
Premier Comique.	Grande Coquette.
Premier Comique de genre et Comique marqué.	Des Amoureuses.
Comique grime.	Utilités.
Deuxième Comique.	
Amoureux Comique.	
Utilités.	

Art. 41. — Un mois avant l'ouverture de la campagne théâtrale, c'est-à-dire le 1er septembre au plus tard, le Directeur devra remettre à l'Administration municipale le tableau de ses troupes lyrique et dramatique, sous peine d'une amende de 50 francs par jour de retard.

Ce tableau devra comprendre les noms, prénoms et surnoms des artistes engagés avec l'indication des emplois qu'ils doivent occuper et ceux qu'ils ont occupés sur les différentes scènes théâtrales depuis deux ans.

Art. 42. — A la fin de chaque représentation, le Directeur sera tenu, sous peine de 10 francs d'amende, de faire ouvrir et de dégager toutes les issues pour la sortie du public. Sorties
ouvertes au
public.

Art. 43. — L'épreuve des débuts est exigée pour les artistes de l'opéra chargés des emplois suivants : Artistes
soumis aux
débuts.

Premier ténor, deuxième ténor, baryton, première basse, deuxième basse, trial ; première chanteuse, première dugazon, duègne.

Art. 44. — Chacun des artistes désignés en l'article précédent devra faire ses débuts dans trois rôles importants de son emploi et à trois représentations différentes. Forme
des débuts.

Art. 45. — Après chacune des trois représentations où un artiste aura débuté, il sera procédé au vote sur son admission. Réception
des artistes.

Seront appelés à voter les abonnés présents à la représentation et les spectateurs du rez-de-chaussée, des premières et des secondes.

Le dépouillement général du scrutin pour les trois représentations aura lieu immédiatement après le troisième début.

La garde des urnes pendant les débuts d'un artiste est confiée aux soins de l'Administration municipale.

Art. 46. — Tout artiste refusé devra être remplacé et les débuts de son successeur devront être terminés dans les trente jours, à partir du refus prononcé, sous peine contre le Directeur d'une amende de 30 francs par représentation et par artiste. Remplacement
des
artistes refusés.

Jusqu'aux débuts de leurs remplaçants, les artistes refusés pourront être autorisés à continuer leur service.

Art. 47. — Si un artiste non soumis aux débuts est repoussé par le public, l'Administration municipale se réserve le droit de prononcer son renvoi et le Directeur devra le remplacer dans les vingt jours, sous peine de 10 francs d'amende par représentation et par artiste. Artistes
non soumis aux
débuts.

Art. 48. — Si la troupe d'opéra n'est pas définitivement complète à la date du 1er novembre, une amende de 1,000 francs par mois sera imposée au Directeur, laquelle amende sera perçue par voie de retenue sur la subvention. Clause pénale
si la troupe
n'est pas com-
plète avant
le 1er novembre.

Art. 49. — L'orchestre du Théâtre sera composé comme il est dit au traité ci-annexé, proposé par l'Association artistique d'Angers, et le Directeur devra en exécuter toutes les conditions ; ce traité formera avec le cahier des charges un ensemble indivisible. Composition
de
l'orchestre.

Surveillance de l'orchestre.

Art. 50. — Le Directeur règle le service de l'orchestre et exerce la discipline sur les artistes qui le composent.

Lois générales sur le Théâtre.

Art. 51. — Indépendamment des conditions particulières insérées au présent Cahier des charges, le concessionnaire sera tenu de se conformer aux lois, décrets, ordonnances, arrêtés et règlements généraux sur les polices des théâtres.

Il se soumettra en outre aux arrêtés et règlements particuliers de l'autorité locale qui sont actuellement en vigueur ou qui pourraient intervenir, sous peine de 10 fr. d'amende par chaque infraction.

Tous les journaux se vendront librement dans l'intérieur du Théâtre, suivant la réglementation qui en sera faite par l'Administration municipale.

Droits de timbre.

Art. 52. — Le concessionnaire acquittera les droits de timbre et d'enregistrement auxquels pourra donner lieu le présent traité qu'il aura passé à l'occasion des présentes avec l'Administration.

Contraventions spéciales.

Art. 53. — Toutes les contraventions aux prescriptions du présent Cahier des charges qui ne sont point punies d'amendes spéciales, seront frappées par l'Administration municipale d'une retenue sur la subvention qui, pour chacune d'elles, ne pourra excéder 100 francs ni être inférieure à 10 francs.

Formalité pour la constatation des infractions au présent cahier des charges.

Art. 54. — Toute infraction, de quelque nature que ce soit, sera suffisamment constatée par un procès-verbal ou rapport du Commissaire de police de service. — Ce procès-verbal ou rapport sera communiqué au Directeur avant qu'il soit statué par l'Administration municipale.

Initiative du Maire.

Toutefois, le Maire pourra toujours d'office dénoncer au Directeur les plaintes dont il aura eu connaissance personnellement et faire l'application spontanée des clauses pénales résultant du présent Cahier des charges.

Dressé le présent Cahier des charges par nous, Maire d'Angers, le et voté par le Conseil municipal, le

Le Maire,

Vu et approuvé.

Angers, le

Le Préfet,